# Excellent Cursive WRITING

Prabhas Rao

# Hand and Body Position

### If you write with right hand.

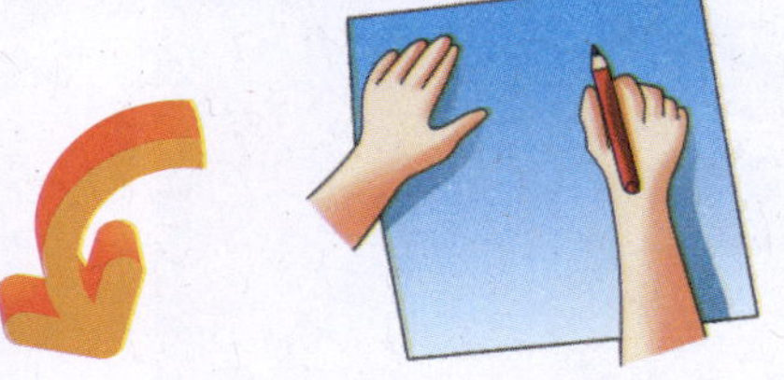

Paper is placed on an angle to the left . Lefthand steadies the paper and moves it up as you near the bottom of the page. Right hand is free to write.

### If you write with left hand.

Paper is placed on an angle to the right . Right hand steadies the paper and moves it up as you near the bottom of the page. Left hand is free to write.

Hold the pencil loosely about 1/2 to 1" above the sharpened point. Hold it between your thumb and index (pointer) finger. Let it rest on your middle finger. Do not grip the pencil tightly or your hand will become very tired. Do not let your hand slip down to the sharp point or you will have difficulty in writing properly.

A A A A A

A A A A A

A A

a a a a a a a

a a a a a a a

a a

B B B B B

B B B B B

B B

b b b b b b b

b b b b b b b

b b

C C C C C

C C C C C

C C

c c c c c c c

c c c c c c c

c c

D D D D D

D D D D D

D D

d d d d d d d

d d d d d d d

d d

E E E E E
E E E E E 
E E
e e e e e e e
e e e e e e e
e e 
F F F F F
F F F F F
F F
f f f f f f f
f f f f f f f
f f

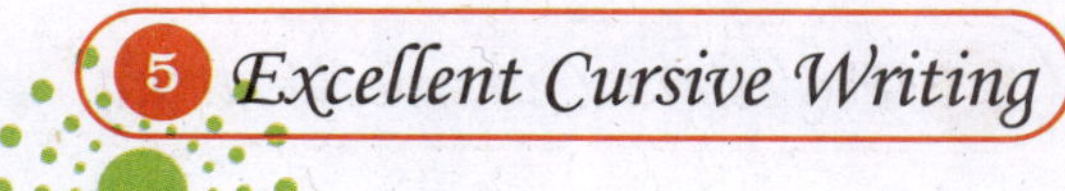

G G G G G

G G G G G

G G

g g g g g g g

g g g g g g g

g g

H H H H H

H H H H H

H H

h h h h h h h

h h h h h h h

h h

I I I I I
I I I I I 
I I
i i i i i i i
i i i i i i i
i i 
J J J J J
J J J J J
J J
j j j j j j j
j j j j j j j
j j

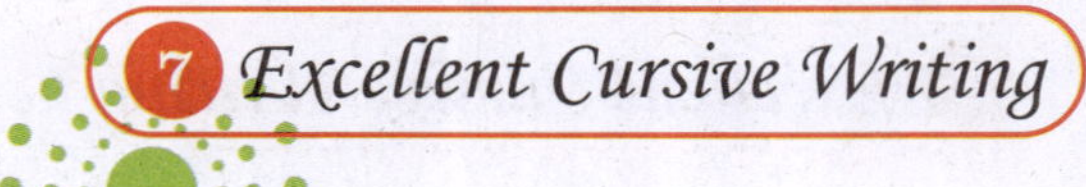

K K K K K

K K K K K

K K

k k k k k k k

k k k k k k k

k k

L L L L L

L L L L L

L L

l l l l l l l

l l l l l l l

l l

M M M M M
M M M M M
M M

m m m m m m m
m m m m m m m
m m

N N N N N
N N N N N
N N

n n n n n n n
n n n n n n n
n n

O O O O O

O O O O O

O O

o o o o o o o

o o o o o o o

o o

P P P P P

P P P P P

P P

p p p p p p p

p p p p p p p

p p

Q Q Q Q Q

Q Q Q Q Q

Q Q

q q q q q q q

q q q q q q q

q q

R R R R R

R R R R R

R R

r r r r r r r

r r r r r r r

r r

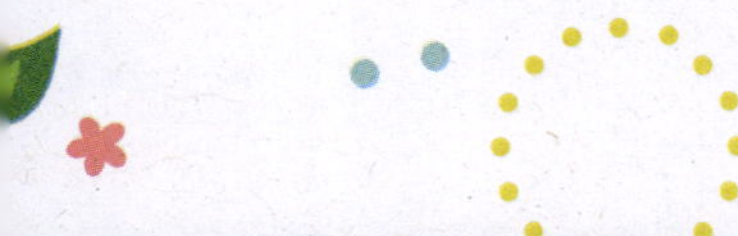

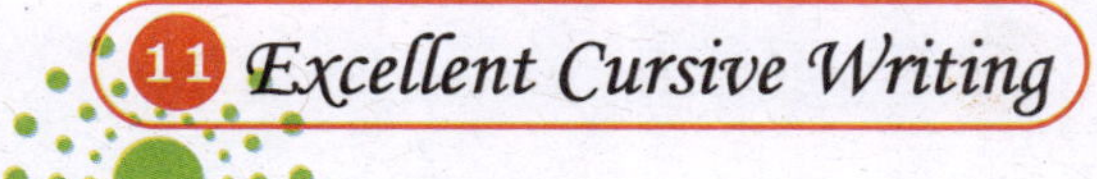

S S S S S

S S S S S

S S

s s s s s s s

s s s s s s s

s s

T T T T T

T T T T T

T T

t t t t t t t

t t t t t t t

t t

U U U U U

U U U U U

U U

u u u u u u u

u u u u u u u

u u

V V V V V

V V V V V

V V

v v v v v v v

v v v v v v v

v v

W W W W W

W W W W W

W W

w w w w w w w

w w w w w w w

w w

X X X X X

X X X X X

X X

x x x x x x x

x x x x x x x

x x

Y Y Y Y Y

Y Y Y Y Y

Y Y

y y y y y y y

y y y y y y y

y y

Z Z Z Z Z

Z Z Z Z Z

Z Z

z z z z z z z

z z z z z z z

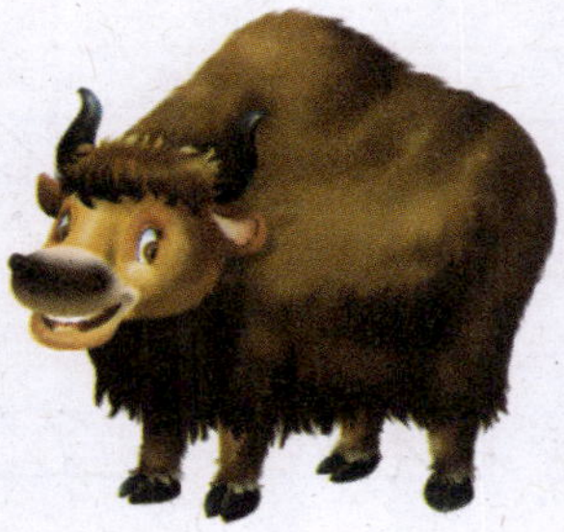

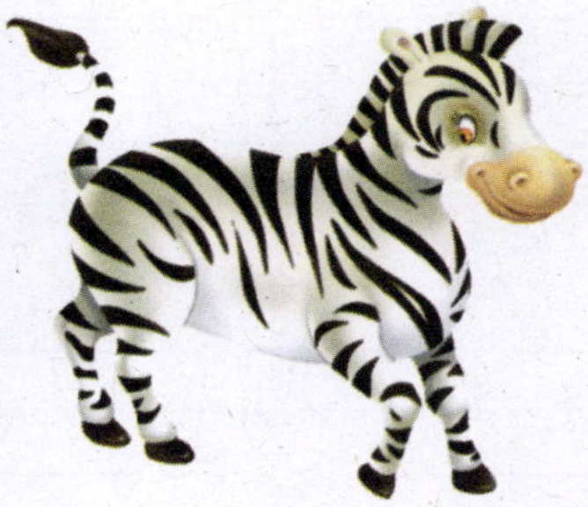

z z

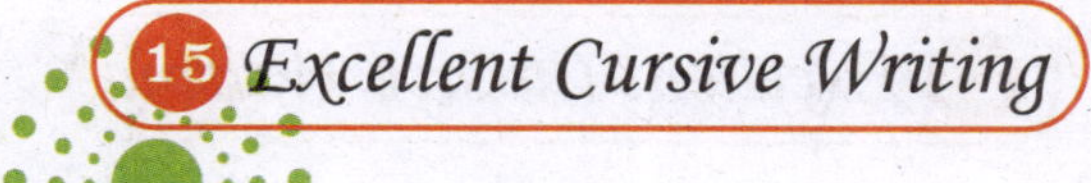

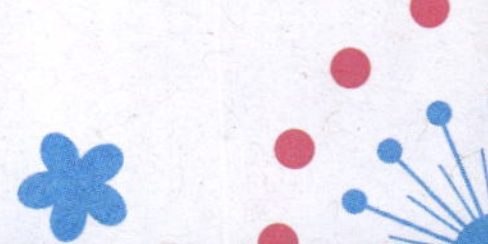

| | | | | | | |
|---|---|---|---|---|---|---|
| aa | aa | aa | aa | | | |
| ab | ab | ab | ab | | | |
| ac | ac | ac | ac | | | |
| ad | ad | ad | ad | | | |
| ae | ae | ae | ae | | | |
| af | af | af | af | | | |
| ag | ag | ag | ag | | | |
| ah | ah | ah | ah | | | |
| ai | ai | ai | ai | | | |
| aj | aj | aj | aj | | | |
| ak | ak | ak | ak | | | |
| al | al | al | al | | | |

| | | | | | | |
|---|---|---|---|---|---|---|
| am | am | am | am | | | |
| an | an | an | an | | | |
| ao | ao | ao | ao | | | |
| ap | ap | ap | ap | | | |
| aq | aq | aq | aq | | | |
| ar | ar | ar | ar | | | |
| as | as | as | as | | | |
| at | at | at | at | | | |
| au | au | au | au | | | |
| av | av | av | av | | | |
| aw | aw | aw | aw | | | |
| ax | ax | ax | ax | | | |

| | | | | | | |
|---|---|---|---|---|---|---|
| ay | ay | ay | ay | | | |
| az | az | az | az | | | |
| ea | ea | ea | ea | | | |
| eb | eb | eb | eb | | | |
| ec | ec | ec | ec | | | |
| ed | ed | ed | ed | | | |
| ee | ee | ee | ee | | | |
| ef | ef | ef | ef | | | |
| eg | eg | eg | eg | | | |
| eh | eh | eh | eh | | | |
| ei | ei | ei | ei | | | |
| ej | ej | ej | ej | | | |

ek ek ek ek

el el el el

em em em em

en en en en

eo eo eo eo

ep ep ep ep

eq eq eq eq

er er er er

es es es es

et et et et

eu eu eu eu

ev ev ev ev

| | | | | | | |
|---|---|---|---|---|---|---|
| ew | ew | ew | ew | | | |
| ex | ex | ex | ex | | | |
| ey | ey | ey | ey | | | |
| ez | ez | ez | ez | | | |
| ia | ia | ia | ia | | | |
| ib | ib | ib | ib | | | |
| ic | ic | ic | ic | | | |
| id | id | id | id | | | |
| ie | ie | ie | ie | | | |
| if | if | if | if | | | |
| ig | ig | ig | ig | | | |
| ih | ih | ih | ih | | | |

| ïi | ïi | ïi | ïi | | | |
|---|---|---|---|---|---|---|
| ïj | ïj | ïj | ïj | | | |
| ik | ik | ik | ik | | | |
| il | il | il | il | | | |
| im | im | im | im | | | |
| in | in | in | in | | | |
| io | io | io | io | | | |
| ip | ip | ip | ip | | | |
| iq | iq | iq | iq | | | |
| ir | ir | ir | ir | | | |
| is | is | is | is | | | |
| it | it | it | it | | | |

| | | | | | | |
|---|---|---|---|---|---|---|
| iu | iu | iu | iu | | | |
| iv | iv | iv | iv | | | |
| iw | iw | iw | iw | | | |
| ix | ix | ix | ix | | | |
| iy | iy | iy | iy | | | |
| iz | iz | iz | iz | | | |
| oa | oa | oa | oa | | | |
| ob | ob | ob | ob | | | |
| oc | oc | oc | oc | | | |
| od | od | od | od | | | |
| oe | oe | oe | oe | | | |
| of | of | of | of | | | |

| og | og | og | og | | | |
|---|---|---|---|---|---|---|
| oh | oh | oh | oh | | | |
| oi | oi | oi | oi | | | |
| oj | oj | oj | oj | | | |
| ok | ok | ok | ok | | | |
| ol | ol | ol | ol | | | |
| om | om | om | om | | | |
| on | on | on | on | | | |
| oo | oo | oo | oo | | | |
| op | op | op | op | | | |
| oq | oq | oq | oq | | | |
| or | or | or | or | | | |

| | | | | | | |
|---|---|---|---|---|---|---|
| os | os | os | os | | | |
| ot | ot | ot | ot | | | |
| ou | ou | ou | ou | | | |
| ov | ov | ov | ov | | | |
| ow | ow | ow | ow | | | |
| ox | ox | ox | ox | | | |
| oy | oy | oy | oy | | | |
| oz | oz | oz | oz | | | |
| ua | ua | ua | ua | | | |
| ub | ub | ub | ub | | | |
| uc | uc | uc | uc | | | |
| ud | ud | ud | ud | | | |

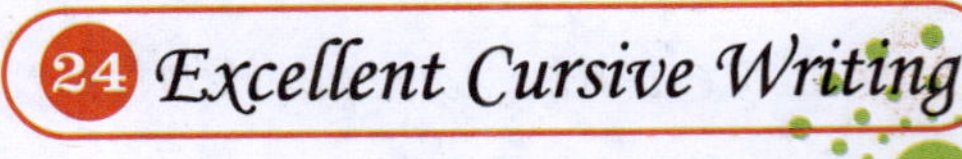

| | | | | | | |
|---|---|---|---|---|---|---|
| ue | ue | ue | ue | | | |
| uf | uf | uf | uf | | | |
| ug | ug | ug | ug | | | |
| uh | uh | uh | uh | | | |
| ui | ui | ui | ui | | | |
| uj | uj | uj | uj | | | |
| uk | uk | uk | uk | | | |
| ul | ul | ul | ul | | | |
| um | um | um | um | | | |
| un | un | un | un | | | |
| uo | uo | uo | uo | | | |
| up | up | up | up | | | |

| uq | uq | uq | uq | | | |
|---|---|---|---|---|---|---|
| ur | ur | ur | ur | | | |
| us | us | us | us | | | |
| ut | ut | ut | ut | | | |
| uu | uu | uu | uu | | | |
| uv | uv | uv | uv | | | |
| uw | uw | uw | uw | | | |
| ux | ux | ux | ux | | | |
| uy | uy | uy | uy | | | |
| uz | uz | uz | uz | | | |

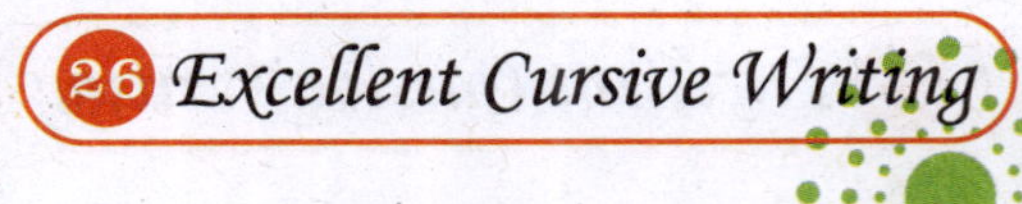

| he | be | by | do | go | no | so |
| --- | --- | --- | --- | --- | --- | --- |
| he | be | by | do | go | no | so |
| he | be | by | do | go | no | so |
| he | be | by | do | go | no | so |
| he | be | by | do | go | no | so |
|  |  |  |  |  |  |  |
|  |  |  |  |  |  |  |
|  |  |  |  |  |  |  |
|  |  |  |  |  |  |  |
|  |  |  |  |  |  |  |
|  |  |  |  |  |  |  |
|  |  |  |  |  |  |  |

| are | was | has | had | our | can |
|---|---|---|---|---|---|
| are | was | has | had | our | can |
| are | was | has | had | our | can |
| are | was | has | had | our | can |
| are | was | has | had | our | can |

# Vowel sound a

| | | |
|---|---|---|
| rat | lad | man |
| rat | lad | man |
| rat | lad | man |
| | | |
| | | |
| bat | sad | can |
| bat | sad | can |
| bat | sad | can |
| | | |
| | | |

## Vowel sound e

| pet | hen | leg |
|---|---|---|
| pet | hen | leg |
| pet | hen | leg |
| | | |
| | | |

| jet | pen | beg |
|---|---|---|
| jet | pen | beg |
| jet | pen | beg |
| | | |
| | | |

# Vowel sound i

| lip | pin | wig |
|---|---|---|
| lip | pin | wig |
| lip | pin | wig |
| | | |
| | | |

| hip | fig | bin |
|---|---|---|
| hip | fig | bin |
| hip | fig | bin |
| | | |
| | | |

## Vowel sound o

| cot | dog | fox |
|---|---|---|
| cot | dog | fox |
| cot | dog | fox |
| | | |
| | | |

| pot | log | box |
|---|---|---|
| pot | log | box |
| pot | log | box |
| | | |
| | | |

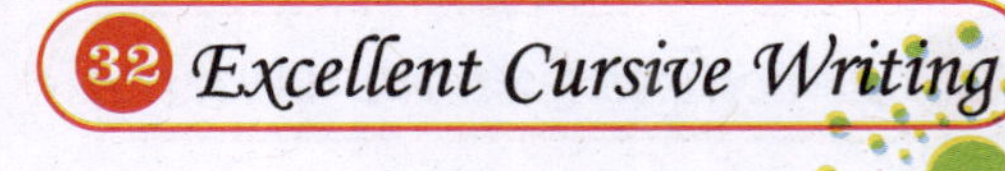

# Vowel sound u

| | | |
|---|---|---|
| hut | sun | mug |
| hut | sun | mug |
| hut | sun | mug |
| | | |
| | | |
| cut | bun | bug |
| cut | bun | bug |
| cut | bun | bug |
| | | |
| | | |

| beep | deep | jeep |
|---|---|---|
| beep | deep | jeep |
| beep | deep | jeep |
| beep | deep | jeep |
| | | |
| | | |

| cuff | muff | puff |
|---|---|---|
| cuff | muff | puff |
| cuff | muff | puff |
| cuff | muff | puff |
| | | |
| | | |

king sing ring

king sing ring

king sing ring

king sing ring

dent rent pent

dent rent pent

dent rent pent

dent rent pent

| kick | lick | sick |
|---|---|---|
| kick | lick | sick |
| kick | lick | sick |
| kick | lick | sick |
| | | |
| | | |

| dock | mock | rock |
|---|---|---|
| dock | mock | rock |
| dock | mock | rock |
| dock | mock | rock |
| | | |
| | | |

| back | jack | lack |
| --- | --- | --- |
| back | jack | lack |
| back | jack | lack |
| back | jack | lack |
| | | |
| | | |

| gang | rang | sang |
| --- | --- | --- |
| gang | rang | sang |
| gang | rang | sang |
| gang | rang | sang |
| | | |
| | | |

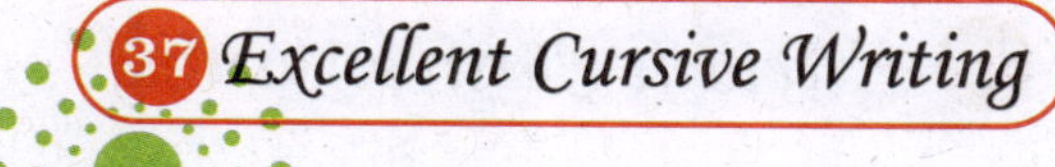

| need | feed | seed |
|---|---|---|
| need | feed | seed |
| need | feed | seed |
| need | feed | seed |
| | | |
| | | |

| deal | meal | peal |
|---|---|---|
| deal | meal | peal |
| deal | meal | peal |
| deal | meal | peal |
| | | |
| | | |

Trace and write.

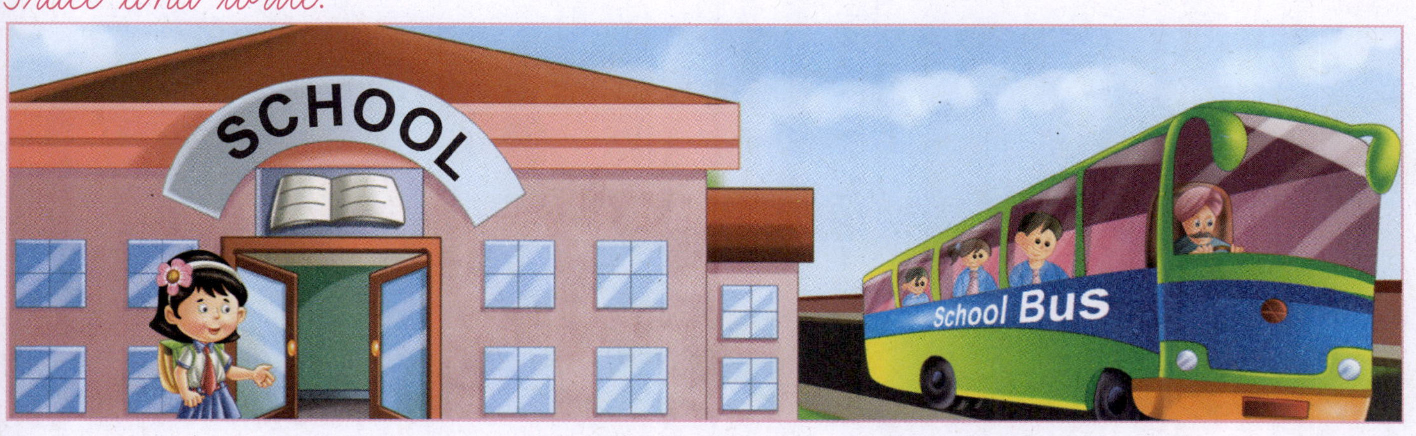


I love my school.

I love my school.

I love my school.

I love my school.

Trace and write.

Bye-Bye take care.

Bye-Bye take care.

Bye-Bye take care.

Bye-Bye take care.